# MARIA MOLAMBO
## RAINHA DA CALUNGA

MARIA HELENA FARELLI

# MARIA MOLAMBO
## RAINHA DA CALUNGA

Rio de Janeiro, 2021
1ª edição | 1ª reimpressão

PALLAS

Copyright© 2011
Pallas Editora

*Editoras*
*Cristina Fernandes Warth*
*Mariana Warth*

Produção editorial
*Aron Balmas*
*Silvia Rebello*
*Rafaella Lemos*

Preparação de originais
*Eneida D. Gaspar*

Diagramação
*Abreu's System Ltda.*

Capa
*Luis Saguar e Rose Araujo*

(Este livro segue as novas regras do Acordo Ortográfico da Língua Portuguesa.)

Todos os direitos reservados à Pallas Editora e Distribuidora Ltda.
Não é permitida a reprodução por qualquer meio mecânico, eletrônico, xerográfico etc. de parte ou da totalidade do conteúdo e das imagens contidas neste impresso sem a prévia autorização por escrito da editora.

CIP-BRASIL. CATALOGAÇÃO-NA-FONTE
SINDICATO NACIONAL DOS EDITORES DE LIVROS, RJ

F23m
    Farelli, Maria Helena
        Maria Molambo, rainha da Calunga / Maria Helena Farelli. - Rio de Janeiro : Pallas, 2011.
        92p.

    Inclui bibliografia
    Anexos
    ISBN 978-85-347-0469-4

    1. Umbanda. 2. Pombagira. 3. Feitiços. I. Título.

11-6422.
                CDD: 299.672
                CDU: 299.6

Pallas Editora e Distribuidora Ltda.
Rua Frederico de Albuquerque, 56 – Higienópolis
CEP 21050-840 – Rio de Janeiro – RJ
Tel./fax: 21 2270-0186
www.pallaseditora.com.br
pallas@pallaseditora.com.br

Este livro é dedicado a minha irmã Ialorixá Ana Lúcia, a minha sobrinha Ana Paula, a Getúlio do Tupiara, a Divorá Dara e a Déa de Oxum.

Em memória ao meu pai de umbanda, Caboclo Mirim (Benjamim Figueiredo), a minha Ialorixá Eulina d'Iansã e a Antônio Carlos Fernandes, que com a Pallas me tornou famosa.

Deus os proteja.

# sumário

Quando a deusa-diaba dançou no Pelourinho  9

Revelações da mulher do Diabo  13

Como a escrava virou Mavambo  17

Molambo, uma estrela cadente  19

A mulher de Lúcifer  23

Deusa ou diaba?  25

Molambo, bruxa, um inferno sob o ventre  29

Os símbolos de Maria Molambo  31

Pontos e cantigas de Maria Molambo  35

Feitiços de amor de Maria Molambo  39

Ebós infalíveis da Molambo para sorte, riqueza, fartura e saúde  43

Trabalhos da Molambo para segurança, proteção e defesa  47

Agrados e oferendas a Maria Molambo  57

Defesas mágicas  67

Rezas de forças infalíveis   71

Palavras finais   73

Glossário   75

Bibliografia   91

# quando a deusa-diaba dançou no Pelourinho

Filhos de santo largavam seus tabuleiros de acarajé e abará, suas latas de mingau de puba, suas frigideiras de aratu.
    É que uma iabá surgiu no Pelourinho, em Salvador. Pais de santo vinham correndo para ver o insólito acontecimento.
    Uma formosa mulher, cor de cobre, perfeita de corpo, carregando uma serpente sagrada, rebolava na ladeira. Risadas de mofa, cínicas, se ouviam. O povo soltou três pombas brancas e saudou:
    – Araruê Bombogira!
    E ela dançou mais. Dançou bonito como quê. Uma dança floreada, guerreira, safada, cheia de picardia.
    – Quem é você? – perguntou Mãe Sabina.
    – Sou Molambo do Inferno.
    Babalaôs, filhas de santo, ogãs, obás, santeiros, gente do Filhos de Gandhi, escultores, capoeiras e prostitutas se juntaram, e ela na sua dança retada. Rodeou a mãe de santo, puxou seu tridente e, junto com a cobra Dã, rebolou mais.
    Um cortejo se fez no Pelourinho. Foram atrás dela. Ela parou na Igreja do Rosário dos Negros e foi para o cemitério da igreja.
    – Sou Mavambo – ela gritou. – Aqui é minha casa. Meus tambores mágicos me chamam. Meus filhos, vim festejar!

E cantou:

*Santo Antônio pequenino,*
*Amansador de burro bravo,*
*Quem mexer com Santo Antônio*
*Tá mexendo com o Diabo.*

Depois disse:
– Quero um trago pra comemorar!
Foram buscar a garrafa. E ela ensinou:
– O povo é meu. Sou deles. O espírito humano tem mistério e vertigem. O mundo fala mal de mim. Dizem que sou um sacrilégio. Causo espanto. Causo escândalo. Aqui há anjos e demônios, ambos se parecem, mas eu curo doenças fluídicas, perturbações. Curo ciúmes, curo egoísmo.

E ela falou mais:
– Por que estou com a serpente? Porque digo que comam o fruto da árvore da ciência do bem e do mal. Eu sou o bem e o mal. Sou como o grande arcano. Eu não envelheço. Crer na felicidade na Terra, crer no prazer, no amor, leva ao não envelhecimento. Nada resiste à vontade do homem, quando ele realmente quer algo. Uma vontade perversa é um começo de suicídio. Quando a pessoa produz fantasmas, dá existência a vampiros. Queiram viver, farrear, gozar, se alegrar, beber, e não há meio-termo possível. Todos vocês são bons e maus. São gente. Só. Nada mais.

O batuque soou alto. Todos dançavam e, no meio, a Mavambo se acabou.
– Sou de zinco, cobre, latão. Sou Maria, sou Molambo, sou deusa, feiticeira, diaba, mulher. Aluvaiá!

O vento canta e Oiá vem nele. Iemanjá nada no mar, eterna sereia. E na areia da praia, Molambo rebola seus requebros de cerimônias antigas, de crenças religiosas que nunca deixaram o mundo. Gira a Roda da Fortuna. Molambo sarava forte. É tempo

*quando a deusa-diaba dançou no pelourinho*

de magia negra. O sabá gira, gira, gira como a Pombagira gitana. Gira o Sol, gira a Lua, as deusas da África dançam. É hora de morte e vida. É hora da Maria Molambo.

# Revelações da mulher do Diabo

Da Pombagira pouco se pode dizer. Ela é a dona dos cruzeiros vermelhos e dos símbolos medievais. Sendo uma escrava dos orixás, voduns e inquices, ela corre entre o Céu (Orum) e a Terra (Aiê), bole no jogo de Ifá, abre porteiras, corta demandas e olha a sua banda com fé.

Assim, com cuidado, vamos deixar que ela venha e mostre quem ela é.

É madrugada. No terreiro de santo ela dança entre o fogo e a brasa, qual Maria Leone do México. Traz o gô, seu símbolo feito de madeira, e a coroa, pois é a rainha da comédia humana, do pecado da raça filha de Adão.

A corrente também traz, pois é uma escrava dos santos. Usa perfume forte, é a mulher de Exu. Ri e bebe.

Chego-me e a saúdo. Ela fala:

– Você nasceu num dia de carnaval, não foi? Era segunda-feira. Você é da gente.

A sala está cheia de sons mágicos e do vermelho das rosas. Uma lamparina brilha no seu trono. Ela gargalha.

– Nada no candomblé se faz sem que eu esteja presente. O jogo de Ifá não abre. Os deuses não descem do céu se eu não tiver comido. Nenhuma festa existe que eu não esteja na porteira. Conheço os segredos dos homens e dos deuses. Abro o champanhe. Tomo um gole. Ela bebe também. E conta mais.

— Foi no tempo em que os deuses moravam na Terra. Eles vinham do Orum para o Aiê. Eu estava com eles. Era esperta. E debochava dos erros dos outros. Entrei nas histórias deles, aprendi o jogo do destino, e agora, para abrir o jogo, quero despacho, carinho, reinar. Ela não tem chifres, mas confessa que é demônia. Para ganhar um despacho, ela faz qualquer coisa.

— Os que vendem imagens me botam chifres. Não tenho, sou um demo de saias perfumadas, e nas dobras do meu vestido há muitas histórias. Em Roma fui adorada pelas vestais, que mantinham o fogo sagrado. No meu riso há os restos de Pompeia e Herculano, de Sodoma e Gomorra, de Betsabá e seu Davi. Fui Cibele na Grécia e a serpente Dã no Haiti. Fui Tupana dos nossos índios, belos, fortes, morenos. Fui Carmenta dos Césares de Roma. Sou eu, sempre eu.

Cantam os ogãs. Eu a vejo preparar seus perfumes. Perto dela sinto o fogo em mim. E sinto seu cheiro de fêmea primitiva.

Ela faz os perfumes de amor, de aroma picante, que foram usados pelas sinhás no Brasil. São encantamentos. Cravo, canela, noz-moscada, incenso, sândalo, óleos de madeiras e de frutos raros, obi, orobô, alfazema, patchuli, dendê, pitanga, guiné, arruda, tudo se mistura no perfume dela.

Estou fascinada. Ela me dá um saquinho de couro com uma pedra vermelha e raiz de mandrágora. Estou feliz. Molambo é sonho, fantasia, deusa e demônia, mulher com segredos de velhos feitiços.

Ela sabe: terei bons momentos...

Os atabaques gritam seu nome. E ela rebola, mulher-dama, bruxa calungueira, sem soba que a domine, dona de si mesma, minha querida Mavambo Quiumba.

*revelações da mulher do diabo*

Molambo é de fé. Baixa em todos os abassás. É amada. E todos lhe querem bem.

Milhares de pessoas buscam a sua ajuda. Elas vêm com muitas variedades de problemas e todo tipo de necessidade. Algumas querem apenas conversar com ela. Desabafar. Sua força mágica é neutra, pode ser usada para o bem e para o mal. A magia pode, no entanto, mudar as coisas. Pois a magia é a arte de executar mudanças segundo a própria vontade.

A deusa-diaba reina no sabá dos terreiros. No esbá das bruxas também. Muitas vezes a vi com sua faca ritual, cigarro na boca, dançando, quase levitando. Assim ela gargalha, manda e desmanda, poderosa, temida, Maria dos sete maridos, Molambo Só. Salve ela, minha amiga Molambo, Madona negra.

Axé!

# como a escrava virou мavambo

Já ouvi falar da Molambo nas rodas de iaô, nas ruas misteriosas da Bahia, nos botequins mais alegres do Rio de Janeiro, na voz dos mais sérios ogãs.

Já escutei sua gargalhada ladina, irritante e irresistível nas noites de gira negra. Já olhei seus simbolismos, suas correntes, o gô, bastão de rainha. Já soube de suas lúgubres corridas pelas sete portas do mundo, pelas sete encruzilhadas, pelas sete calungas.

Mas como é ela, a chamada Rainha do Inferno?

Conheço Oxalá, o velho, com seu cajado de prata; Xangô com seus trovões; Iansã e seus ventos; mas Lebara, mulher de Exu, essa quem é?

De onde vem? Onde nasceu seu primitivo mistério? De onde vêm sua alegria, seu sonho de festas e orgias, suas receitas com perfumes e pimenta-da-costa?

Corpo de ébano de quem na vida foi da Sociedade Secreta das bruxas na África, Maria Iamí (como lá era chamada) veio para o Brasil quando o domínio de Portugal na Guiné, em Angola e Moçambique trouxe os escravos nos tumbeiros.

O sofrimento passou.

*maria molambo – rainha da calunga*

Na noite infinita, sem princípio nem fim, de encontro e despedida, de várias auroras, Molambo, condenada à morte por seu senhor, na casa-grande, escapou galopando em cavalo de fogo. Exu Tranca-Ruas a levou em seu corcel de luz vermelha e foram dançar o lundu, dança dos bantos, sensual e lasciva, de umbigadas.

Depois Molambo dançou no maracatu, lembrança da coroação dos reis do Congo. Foi para o batuque e para o batuquengê. E amou esse Exu materializado que a fez Mavambo, com cheiro de rosas e enxofre, cheia de mironga, de segredos do ilu aiê – a terra da vida.

Maria Molambo morreu de amor e de sexo, e hoje, rainha dos axés, vive muito bem em espírito. Morreu de amor e virou diaba, encantada, dona da magia, feiticeira eterna. Quem pode com ela? Quem a destrói? Quem dos cultos afros não a adora? Êta Pombagira coroada por Lúcifer!

Maria Molambo, andando em espírito pelas ruas, canta:

*De meio-dia à meia-noite*
*Moro na encruzilhada.*
*E depois da meia-noite*
*Tenho outra morada.*
*Não é na encruza,*
*Não é na rua.*
*É na porta da calunga,*
*Eu sou Maria Molambo.*

# molambo, uma estrela cadente

Correm as estrelas no céu. Deuses fazem amor. Orixás e Exus também se amam. É noite de orgia, de mel e âmbar. Rainha de Angola, poderosa na terra e nos céus, nas águas e nas calungas pequenas, Maria Molambo baixa nas noites velhas de batuques em todos os terreiros do Brasil.

Em todo terreiro em que desce e dança, o povo do santo a respeita e ama. Ela é a dona dos cemitérios, das sete encruzilhadas, da farra, dos leitos de amor.

Muitos a chamam por vários nomes, como Molambo da Lixeira. Mas isto não existe. É imaginação. Como ela, forte e querida, seria Molambo da Lixeira? Não usem este nome.

Molambo é uma Pombagira que nasceu entre relâmpagos e chicotadas de chuva.

Esse nome, Pombagira, vem de uma modificação de Bombogira, nome de Exu macho na nação congo. No Brasil, tornou-se Exu fêmea.

Exu é o segundo deus ou o outro lado de Deus; também pode ser entendido como o deus que castiga. Castiga por quê? Quando as pessoas erram com os orixás, são revoltadas ou levam vida errada, Bombogira castiga. Deixa que o lado negativo tome conta da vida da pessoa. Quem faz mal ao próximo, pega a vingança de Legbá. Mas isso serve de aprendizado para vivermos melhor na Terra.

Exu, Legbá, Bombogira, Pombagira não são totalmente maus, eles têm variações. Por exemplo, Exu Lonã é o que guarda os caminhos. Exu Elepô é o dono do azeite de dendê. Exu Abenungã faz o bem e o mal, dependendo do pedido e da oferenda: é duplo.

Exu é barro, ferro e madeira, e suas devotas usam pulseiras de bronze. Seu fetiche é uma cabeça de barro em que são modelados os olhos e a boca, representados por conchas incrustadas e fragmentos de ferro e pregos.

Exu é servo e mensageiro dos deuses. Deus-Olodumare cuida de tudo, mas Exu é quem leva as preces dos seres humanos aflitos. Os primeiros dias das festas dos orixás são de Exu, que recebe todos os pratos no seu assento, uma vez que seu despacho é condição essencial para o início da celebração de todas as cerimônias.

Não existe um único Exu: cada orixá tem um Exu que lhe serve. Na umbanda, os Exus dividem-se em sete linhas, cujos chefes são: Exu Marabô, Exu Mangueira, Exu Tranca-Ruas, Exu Tiriri, Exu das Sete Encruzilhadas, Exu Veludo e Exu dos Rios. Seu chefe supremo é o Maioral, Exu Rei.

Maria Molambo é Exu mulher, uma Pombagira em evolução espiritual. As Pombagiras são as mesmas deusas que foram as Vênus de Roma e da Grécia. Nos nossos terreiros, essas energias se chamam Padilha, Molambo, Dona Sete, Rainha, Rosa Vermelha, e vêm ouvir as súplicas de seus filhos de fé.

Maria Molambo é das mais queridas, a mais aclamada, e reina junto com Maria Padilha. Assim, se Exu existe e tem mulher, esta deve ser Molambo, que é terrível, poderosa, e mora nos cemitérios.

O primeiro trono da quimbanda, com sete serpentes negras, é de Exu Rei. A seu lado, dengosa e sábia, está sua amante mais querida: Dona Molambo, a rainha da calunga pequena. Tiriri, com seu tridente em brasa, também fica a seu lado, garboso. E fechando a trindade da Mavambo, está Sete Encruzilhadas, senhor dos caminhos, que fica ao lado dela vencendo batalhas ao som dos atabaques.

# A mulher de Lúcifer

Muitos dizem que Molambo é mulher de Satã e Lúcifer.
Lúcifer é a estrela da manhã, o anjo que caiu dos céus por causa do seu orgulho. Diz a lenda que ele era perfeito, até mesmo quando a iniquidade tomou conta dele.
Satã é o príncipe deste mundo, aquele que atrapalha o reino de Deus. Shaitan, também chamado de Iblis, é o diabo nas escrituras do islã.
Mas os dois são um só. Esses são os vários nomes do Diabo.
Dizem os teólogos que o Diabo é o mal. E é violento. Traz sofrimento e é o pai da mentira.
Na verdade, os demônios não são bons. Há quem não acredite neles e diga que foram inspirados nas figuras dos deuses Dioniso e Pã, da Grécia pagã. Mas, se somente um Deus existe, de onde vem o mal? Bem, para a maioria dos seres humanos, o Diabo existe. Para os diabolistas, ele é um deus da escuridão, de uma maldade independente de Deus.
Dizem alguns religiosos que o Diabo está em toda parte. E os textos da Inquisição dizem que ele é o Senhor do Mundo, que ele rege a Terra. No mito hindu ele é Tarakasur, para os persas foi Arimã. Na Bíblia é Satã ou Leviatã, e na China, Yaoguai.

Quando a figura de Exu se confundiu com o Diabo, o Maioral ficou sendo chamado de Lúcifer. Por isso é que Molambo é considerada a mulher do Diabo. Dizem que sua beleza é tanta, que o próprio Anjo Belo se encantou. Mas Molambo não é diaba, é Pombagira. É mensageira dos orixás, como todos os Exus.

# Deusa ou diaba?

Após séculos de esquecimento, a Grande Mãe está voltando. Sua volta é sentida pelas águas que inundam o planeta. Na verdade, ela sempre esteve aqui em Gaia, a Terra. É a alma do nosso planeta, a sabedoria oculta, nosso eu interior, a chama ardente do nosso coração. A deusa não rege o mundo. Ela é o mundo! Nós é que nos distanciamos dela, abandonando o sagrado feminino.

Mas a Diaba também voltou. Pombagira carrega os mitos das deusas-demônias de séculos e, na verdade, ela é a deusa da luxúria, das encruzilhadas, dos cemitérios, do sexo, da morte. Como Kali, da Índia, ela pode ser linda ou atemorizadora. Araruê!

Pombagira é a Lua Negra, Lilith, a mulher-demônio da antiga Suméria e da tradição judaica, esposa do grande demônio Asmodeus, que tenta os homens e os faz pecar, a serpente sedutora do Jardim do Éden. Lilith é a força mágica da sedução, a bela mulher que se transforma em borboleta azul. Na Árvore da Vida da Cabala, é uma das Klifot, a que corresponde ao mundo terrestre, material. Por isso, o nome cabalístico da Pombagira é Klifot.

Pombagira parece com as Moiras, deusas gregas do destino; lembra Befana, a velha bruxa da Itália; Morrigan, a deusa celta da morte; Carmenta, a deusa romana das profecias; Belit, deusa da fecundidade da Babilônia; Astoret, a deusa da fertilidade dos cananeus; Píton, a grande serpente profética de Creta; Perséfone, a rainha do Mundo Inferior para os gregos e romanos.

Tem culto que lembra o de Milita, a Vênus babilônia, deusa do amor, do sexo e da fertilidade, a cujos templos e bosques sagrados as mulheres iam, uma vez na vida, praticar a prostituição.

Também recorda os ritos de conjugação sexual do Céu e da Terra, presentes nos mistérios gregos e em outras antigas tradições, em que sacerdotisas realizavam o casamento sagrado com o deus da natureza para garantir a fertilidade da terra.

Enfim, as deusas e demônias têm muita semelhança com Pombagira. Que também lembra as possessas atacadas pela Inquisição da Igreja.

## Os eguns, povo de Molambo

As almas sempre preocuparam o ser humano. Textos de 2 mil anos antes de Cristo, no *Livro dos mortos* do Egito, dizem aos defuntos como fazer para sair dos túmulos.

Eguns são os ancestrais que descem às vezes aos abassás. Na umbanda, egum é o Povo do Cemitério. No nagô são conhecidos como egungum; no angola, vumbe. Na tradição iorubá, ainda na África, eram os *ara-orum* ("morador do céu"), e seus adeptos formavam uma sociedade secreta parecida com aquela de onde veio Molambo.

Os membros dessa sociedade podiam surgir nas aldeias vestidos de roupas coloridas a qualquer hora, usando máscaras, e os fiéis os adoravam. Bruxas da noite usavam máscaras de animais em festivais na África Negra. De forma semelhante, nos sabás, os demos assumiam a forma de animais e o Diabo, a forma de um bode.

Os entes que partiram são cultuados desde a Idade da Pedra. Quando os enterros se tornaram mais elaborados e cerimonio-

*deusa ou diaba?*

sos, eram colocadas junto aos mortos estatuetas pequenas de mulher: era a Grande Mãe, a fonte de toda a vida.

Rainha da Calunga, a Molambo me contou:

– Nos tempos antigos, depois que a pessoa morria, seu corpo ficava estendido para as últimas homenagens, antes de viajar para o mundo dos mortos. O sacerdote chegava ao local que lhe foi reservado. O silêncio era total. E eu de repente gargalhava. Eu, uma Iamí Oxorongá, via o que eles faziam. Eles invocavam a deusa da morte. E eu ria, e bebia das taças de vinho que eles colocavam. O corpo ia atravessar densas brumas e eu ia ao seu lado, Molambo Só, rainha dos cemitérios, de todos os umbrais. Não só filha de Olodumare, mas também uma imortal, deusa-diaba. Mas não me queixo. Bebo, danço, amo, ajudo, sou e sempre serei Molambo Só. Mulambá!

Os médiuns de Maria Molambo entram em transe como os de outros Exus. Mas dizem que ela é mais forte porque chama os ancestrais.

Assim, cuidando dos ancestrais, dos eguns, ela fica poderosa demais.

# Molambo, bruxa, um inferno sob o ventre

Poucos demonólogos põem em dúvida que existam bruxas. Com bastante frequência trata-se de mulheres marginalizadas, ou viúvas com problemas de sexo, ou jovens histéricas. Até freiras com a libido amordaçada foram acusadas de ser bruxas. Diziam que os diabos as procuravam. Eram os íncubos, de quem seriam amantes.

Na Idade Média, toda mulher que fosse rezadeira era considerada bruxa. Era torturada e queimada viva. Horror! Tempos terríveis e cruéis!

Mas será que existiram ou existem bruxas?

As bruxas faziam feitiços e poções. A tradição nos permitiu herdar algumas fórmulas para resolver problemas de sexo. Mas, na verdade, a reunião de bruxas vem dos rituais de fertilidade de algumas culturas antigas. Satanás provém das festas que se celebravam em honra a Dioniso, deus do vinho e do carnaval. As bruxas eram sacerdotisas dos cultos pagãos, não demônias.

Assim, Molambo, que viveu na África Negra e pertenceu à Sociedade Secreta das Mulheres, nada mais era do que uma sacerdotisa. Não uma diaba.

Ela fez magias de amor. Com mel, pós de amarração, velas e palavras: "semente quente, coração ardente, não permita nunca que estejam separados."

Molambo é um espírito encantado. Desenha círculos mágicos com pemba, como meio de defesa, risca pontos, faz ebós, dança, reza pessoas, descarrega, faz encantamentos e adivinhações com o baralho comum, joga búzios, reza para a Lua, escuta seus clientes, comanda terreiros. Não voa em vassouras nem em bodes. Não mata crianças. Usa pó de cemitério, velas pretas e vermelhas, é amada por seus clientes, bebe, fuma, faz trabalhos com coração de galinha, usa retratos nos feitiços, faz mironga forte.

É um Exu mulher, não uma possessa. É uma Pombagira faceira, que brilha sob os raios lúbricos da lua cheia. Não é feia como as bruxas desenhadas pelos antigos pintores. É bela. Tem terno veneno.

É uma energia sexual. Não tem obsessões, inferioridade ou culpabilidade. Não precisa ser exorcizada. Não levita, mas fala palavrões. É uma calungueira. Mora em cemitérios ou nas casas de Exu, e trabalha com Exu Caveira.

# Os símbolos de Maria Molambo

Cai a noite. É hora dos seres invisíveis. Noite senhora coroada por estrelas, noite de sons de tambores africanos.
Maria Molambo se senta na rua e nas tumbas dos cemitérios. Ela vibra com Mercúrio na Astrologia. Seu dia é segunda-feira, dia de Exus e de Almas na umbanda.
Com suas joias, seus enfeites, seus cigarros e suas cachaças, sua risada louca, fascinante, a deusa-diaba faz farra ao som dos atabaques e ganzás.
Maria Molambo usa sete saias rodadas, vermelhas e pretas, feitas de retalhos. Também usa pano da costa e turbante, como o dos negros malês. Gosta de pulseiras de cobre, cordões e anéis.

## As guias

Na umbanda, a guia de Molambo é de contas de vidro ou cristal pretas e vermelhas. Às vezes leva contas de cor amarela, representando o fogo e o ouro. Depois de pronta, a guia é cruzada em amaci quinado de ervas e rosas.

No candomblé, a guia é de miçangas, com firma preta e rubra, e tem três voltas. Na hora de fechar a guia, canta-se o engoruzi (cantiga). A seguir, leva-se a guia à casa de Exu, na porteira.

Molambo gosta de sua guia bem-feita. A guia ou colar de Molambo representa sua força. Seus "filhos" a usam. É sua própria presença neles.

A guia serve como proteção e segurança. Até pessoas que não "recebem" entidades usam guias ou fios de contas.

Mas a guia é pessoal e não se deve emprestá-la. É uma segurança individual. Às vezes até as vemos penduradas no retrovisor de um carro.

A guia arrebenta quando algum mal é mandado ao médium. Se isso ocorrer, a pessoa deve novamente enfiá-la e cruzá-la.

## Os pontos riscados

Molambo caminhou pelo mundo. Seus pontos riscados mostram isso, no desenho das muitas encruzilhadas governadas por Exu.

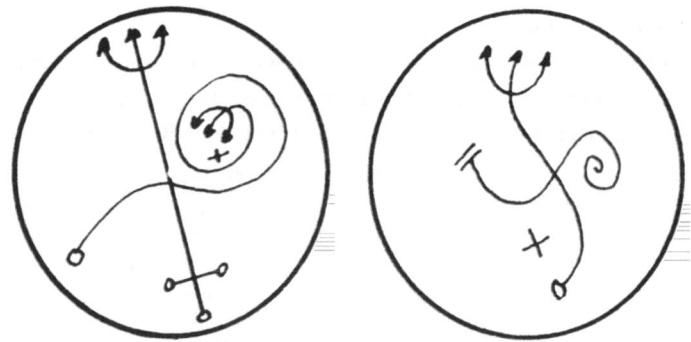

Desenhados num pergaminho, encontrei símbolos que, acreditava-se, tinham poderes ocultos. Fantasia? Está na Biblioteca Nacional do Rio de Janeiro. Foi feito há séculos.

E lá está um dos pontos riscados de Molambo: dez garfos de Exu (tridentes) e um pentáculo (estrela de cinco pontas).

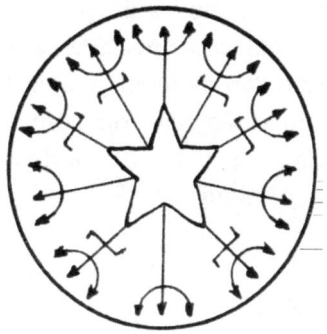

## A caveira

A caveira era o símbolo de Molambo na África. A caveira humana é um símbolo da mortalidade e da vaidade na vida terrena. Mas também sempre foi tida como relíquia, troféu e amuleto: nas culturas europeias primitivas, na África, entre os povos da Oceania, até mesmo nas tradições populares modernas, em que crânios de mártires e santos são objetos sagrados.

Para os africanos, a cabeça é a sede da alma. Por isso a caveira é muito importante para eles. Como Molambo era da Sociedade Secreta das Mulheres magas, tinha uma caveira para fazer feitiços. Por isso ela é chamada Rainha do Cemitério.

## A coruja

Molambo também gosta de corujas, pois seu voo silencioso faz com que a ave apareça com assombro, com surpresa, diretamente da escuridão. Exatamente como a Molambo. Quem já viu as corujas diz que elas surgem do nada. E, durante o dia, se escondem nas cavernas.

Na África, a coruja é ligada à feitiçaria. Molambo, da Sociedade das Mulheres Magas, invocava corujas para trabalhos de feitiço. E Molambo não é a única a apreciar essa ave. Na Pérsia, a coruja é o anjo da morte. Para os judeus, é sinal de boa colheita. No norte da Ásia, as corujas são tidas como capazes de combater as forças malignas. Na Índia, penas de coruja eram colocadas no travesseiro de crianças inquietas.

## A encruzilhada

Ogum, filho de Odudua, é o dono dos caminhos. Mas Exu, seu irmão, é o das encruzilhadas.

As encruzilhadas têm diferentes donos: as de Pombagira são em T e são chamadas de encruzilhadas fêmeas ou fechadas. As de Exu são em cruz ou X e são conhecidas como encruzilhadas machos ou abertas.

Então, quando se entrega qualquer trabalho ou oferenda para a Molambo, em geral se vai a uma encruzilhada fêmea, quando não se quer ou não se pode ir a um cemitério. Ela só recebe oferendas em encruzilhada aberta quando essa orientação é dada para um trabalho específico. Geralmente isso acontece quando Molambo está acompanhando um Exu macho no feitiço.

## Os molambos

Maria Molambo gosta de retalhos de pano, os seus molambos. Por isso, muitas de suas oferendas levam pedaços de pano de cores variadas.

# Pontos e cantigas de Maria Molambo

## Pontos de Exu e Pombagira
*(Cantigas de domínio público)*

Auê, Pombagira girê,
Auê, Pombagira girá,
Auê, Pombagira.
Aê, Pomba girê, Pomba girá,
carrega mandinga pro fundo do mar.
Arreda, homem, que aí vem mulher.
Ela é a Pombagira, rainha do candomblé.
Tranca-Ruas vem na frente
pra mostrar quem ela é.
Ri, quá, quá,
que linda risada
que Exu vai dar.
Olha quem vem lá
descendo a ladeira.
Olha que ele é

Seu Exu Caveira.
Exu que tem duas cabeças,
ele olha sua banda com fé.
Uma é Satanás do Inferno,
a outra é Jesus de Nazaré.
Disseram que me mataram
na porta de um cabaré.
Ela é a Pombagira,
matem ela se puder.
Deu uma ventania, ô gangá,
no alto da serra.
Deu uma ventania, ô gangá,
no alto da serra.
Ela é sua Pombagira, ô gangá,
Exu vencedora de guerra.
Ela é sua Pombagira, ô gangá,
Exu vencedora de guerra.

## Pontos de Maria Molambo
*(Cantigas de domínio público)*

Arreda, homem, que aí vem mulher.
Ela é a Molambo, rainha do candomblé.
Tranca-Ruas vem na frente
pra mostrar quem ela é.
Olha a saia dela, endirê,
é molambo só.
Sua saia tem sete metros,
sete metros, é molambo só.
Que moça é aquela
que vem pela rua,
bebendo cachaça
e caindo na rua?

Ela é Maria Molambo.
Ela é Maria Molambo.
Ê mulambê,
ê mulambá,
quem não pode com mandinga
não carrega patuá.
A saia de Maria Molambo
teve sete guizos.
Quando ela chega na banda,
ela levantou perigo

## Outras cantigas

Molambo, rainha divina,
A deusa encantada,
tem no seu gongá a segurança.
Ela tem sua estrada marcada.
Caminhou em tapete de flores
e nem sequer se importou.
Ela deixou os seus súditos chorando
e foi viver no mundo da perdição.
Ela é Maria, ela é mulher,
pedacinho de Molambo
É pra quem tem fé.
(Da Molambo de Iá Déa d'Oxum)
Bombogira ganhou
uma garrafa de marafo,
levou na capela pro padre benzer,
perguntou pro sacristão
se na batina do padre tem dendê.

# Feitiços de amor de Maria Molambo

## Trabalho para ter tranquilidade na vida de casada

### MATERIAL
Dois bonecos de pano (um homem e uma mulher)
Um obi
Vários tipos de frutas diferentes
Um oberô (alguidar)

### COMO FAZER
Primeiro batize os bonecos com os nomes dos membros do casal. O batismo se faz virando os bruxinhos para a Lua, pois a Molambo é a maga do Zodíaco. Enquanto mostra cada boneco para a Lua, diga:
– Eu te batizo com o nome de... (diga o nome da pessoa correspondente ao sexo do boneco).
Feito isso, ponha as frutas cortadas no oberô, com o obi em cima e os bonecos já batizados.

## Feitiço de amor de Molambo e Exu Caveira

**MATERIAL**
Farinha de mandioca
Azeite doce
Sete velas bicolores (pretas e vermelhas)
Um oberô (alguidar)
Um pedaço de papel branco
Lápis ou caneta
Fósforos

**COMO FAZER**
Faça no oberô um padê, misturando a farinha e o azeite doce. Escreva no papel os nomes das pessoas que deseja unir pelo amor.

Leve o padê, o papel e as velas para uma encruzilhada em forma de T. Esta é uma encruzilhada de Pombagira, mas Molambo vai atender a seu pedido junto com o Caveira.

Ponha o oberô no chão e prenda o papel enrolado no meio da farinha. Arrume as velas em volta e acenda-as.

Faça com fé. A fé remove montanhas.

## Ebó para derrotar rival

**MATERIAL**
Um retalho grande de pano preto e vermelho
Álcool
Fósforos
Um pedaço de papel
Lápis ou caneta

**COMO FAZER**
Pegue o pano preto e vermelho, molhe com álcool e passe na casa, limpando o chão com ele. Depois escreva o nome do(a) ri-

val no papel. A seguir, leve tudo à rua e queime o pano junto com o papel.

Vá descalço(a) e tenha fé.

## Feitiço para a mulher amarrar um amor

**MATERIAL**
Um bife cru
Temperos comuns, a gosto

**COMO FAZER**
Passe a carne em suas partes sexuais. Depois tempere-a e faça com ela um bife para o seu amor.
Não coma desse bife, senão é você quem vai ficar amarrada.

## Trabalho para a mulher que está fria

**MATERIAL**
Rosas vermelhas
Cravo-da-índia
Canela em pau
Água
Uma buchinha-do-norte

**COMO FAZER**
Prepare um banho com as rosas, o cravo e a canela na água. Depois lave os órgãos sexuais com esse banho, passando o líquido com a buchinha-do-norte.

# Ebós infalíveis da Molambo para sorte, riqueza, fartura e saúde

## Trabalho contra a miséria

**MATERIAL**
Uma peça de roupa velha, bem gasta
Dois caranguejos
Um ramo de arruda
Uma lata vazia
Fósforos

**COMO FAZER**
Pegue a roupa velha, os caranguejos e as folhas da arruda, e ponha dentro da lata. Queime tudo e jogue as sobras numa encruzilhada em T. É tiro e queda!

## Ebó para atrair a sorte

**MATERIAL**
Um copo incolor
Uma estrela-do-mar pequena, que caiba no copo

Flores a seu gosto
Água

**COMO FAZER**
Ponha um pouco de água no copo e arrume nele as flores e a estrela-do-mar.
   Coloque o arranjo atrás da porta principal da sua casa.
   Troque a água diariamente, e as flores sempre que estiverem secas.

## Como atrair dinheiro e fartura

**MATERIAL**
Sete moedas de qualquer valor
Um frasquinho de pó de peixe
Uma fava-pixurim
Três búzios
Folhas de comigo-ninguém-pode
Um pote

**COMO FAZER**
Molambo gosta de moedas, como os ciganos. Para pedir-lhe fartura, faça este feitiço na lua cheia.
   Ponha no pote as moedas, o pó de peixe, o pixurim, os búzios e as folhas de comigo-ninguém-pode. Coloque num canto da sua casa.

## Ebó para a boa saúde

**MATERIAL**
Uma cabaça pequena
Sete pedaços de fita vermelha

Sete penas de galo
Mel
Um prato
Duas velas brancas
Fósforos

### COMO FAZER

Limpe bem a cabaça e enfeite-a com as fitas vermelhas. Amarre uma das penas de galo em cada fita. Ponha no prato e regue com mel. Coloque tudo numa encruzilhada e acenda as velas junto do prato.

## Oferta para abrir os caminhos da sorte

### MATERIAL

Sete velas
Sete rosas
Um frasco de perfume
Uma garrafa de champanhe
Uma taça

### COMO FAZER

Leve tudo a uma encruzilhada. Forme um círculo no chão com as velas e acenda-as.

No meio do círculo de fogo das velas, ponha as rosas, o perfume e o champanhe servido na taça.

## Firmeza para curar doenças espirituais

### MATERIAL

Três ovos crus
Três garrafas de cachaça

*maria molambo — rainha da calunga*

Farinha de mandioca
Mel
Três alguidares

## COMO FAZER

Exu Curador sabe curar. Para ele, junto com sua mulher Mavambo Molambo, faça o seguinte:

    Passe os ovos inteiros no corpo do doente.

    Faça em cada alguidar um padê de farinha com mel.

    Leve tudo para uma encruzilhada. Lá, quebre os ovos. Ofereça as cachaças e os padês de mel. E peça com fé na encruza.

# Trabalhos da Molambo para segurança, proteção e defesa

## Trabalho para a segurança de sua casa

**MATERIAL**
Carvão
Um recipiente de cerâmica ou metal (resistente ao fogo)
Folhas de comigo-ninguém-pode
Fósforos

**COMO FAZER**
Chame por Molambo mentalmente. Acenda um pouco de carvão no recipiente e coloque sobre ele as folhas de comigo-ninguém-pode. Deixe que queime tudo.
    Recolha o que sobrou e sopre nos quatro cantos da casa. Vai sentir arrepios, mas passa logo. Resolve.

## Ebó de Molambo para cortar feitiços

**MATERIAL**
Pimenta-da-costa

Um punhado de terra de dois morros diferentes
Três pedras de sal grosso
Três velas bicolores (pretas e vermelhas)
Uma garrafa de cachaça
Uma taça
Fósforos

COMO FAZER
Pegue a pimenta-da-costa, os punhados de terra, as pedras de sal grosso e jogue numa encruzilhada. Coloque também a cachaça aberta com a taça ao lado. Acenda as velas para a Rainha e faça seu pedido.

## Para limpar o corpo

MATERIAL
Sabão da Costa
Sete velas
Sete garrafas de cachaça
Sete retalhos de pano coloridos
Fósforos

COMO FAZER
Tome um banho com o sabão da Costa, pedindo a proteção de Molambo. Depois ofereça a ela na calunga as velas e as cachaças com os "molambos" coloridos.

## Ebó para afastar inimigos

MATERIAL
Um punhado de terra de formigueiro
Três pimentas-do-reino

Sete pembas pretas
Um oberô (alguidar)
Um pedaço de papel
Lápis

COMO FAZER
Escreva o nome do seu inimigo no papel. Pegue a terra, as pimentas e as pembas raladas, e coloque tudo dentro do oberô. Entregue num cemitério com o nome do inimigo. Ficará livre.

## Para se livrar de maldição

MATERIAL
Uma porção de água de chuva
Sabão da Costa

COMO FAZER
Maldição é praga. E pega. Para se livrar dela, tome um banho de água de chuva com sabão da Costa, e chame pela Rainha da Calunga. Amojubá!

## Bênção do cordão dos demônios

MATERIAL
Um pedaço de cordão de lã ou seda
Um pedaço pequeno de papel
Lápis

COMO FAZER
Escreva no papel os nomes dos inimigos que deseja neutralizar. Pegue o cordão e use-o para amarrar o papel com vários nós. Esconda em casa ou no seu terreiro.

## Conjuro da faca ritual

**MATERIAL**
Uma faca nova
Um incenso
Fósforos

**COMO FAZER**
Se você precisa se proteger de um malefício, prepare sua faca. Ela terá fluidos elétricos, pois é de metal. Acumulará o que vier para você. É como uma espada mágica. Exus sempre têm suas facas, seus punhais.
    Compre uma faca nova cuja lâmina tenha pelo menos 20 centímetros e um cabo de madeira pintado em vermelho e preto. Purifique-a passando sete vezes na fumaça do incenso, enquanto recita o conjuro:
    – Faca, você não matará, mas afastará de mim todo poder maligno. Por Exu Veludo, Exu Tata Caveira, por Exu das Sete Encruzilhadas, pelo Maioral. Assim seja. Assim será!

## Trabalho com caveira para neutralizar um inimigo

**MATERIAL**
Uma caveira de gesso ou de cera
Azeite de dendê
Um punhado de terra de cemitério
Um pedaço de papel
Lápis

**COMO FAZER**
Faça este feitiço durante a lua minguante.

*trabalhos da molambo para segurança, proteção e defesa*

Escreva o nome do seu inimigo no papel e ponha-o dentro da caveira. Acrescente o dendê e a terra de cemitério. Esconda no mato.

## Trabalho para afastar eguns

**MATERIAL**
Dois ovos crus
Duas velas brancas
Uma garrafa de champanhe

**COMO FAZER**
Passe os ovos inteiros no seu corpo. Leve tudo a uma encruzilhada fechada (em T). Chegando lá, quebre os ovos e as velas, jogue tudo no chão e sirva a bebida para Molambo. Vá logo embora e não olhe para trás. Você pode se assustar.

## Trabalho para afastar almas penadas

**MATERIAL**
Velas brancas (quantas quiser)
Fósforos

**COMO FAZER**
Vá ao cruzeiro de uma igreja, numa segunda-feira, acenda as velas para as almas sofredoras e entregue esta vibração à Molambê.

## Trabalho de proteção da coruja

**MATERIAL**
Um pequena coruja de qualquer material
Três velas brancas

## COMO FAZER
Acenda as velas no cruzeiro de um cemitério e peça à Maria Calungueira que, em nome das corujas, você não seja pego pelo mau-olhado. Ponha a corujinha perto da entrada da sua casa, de frente para a porta.

## Trabalho para afastar um morto

### MATERIAL
Sete velas brancas
Fósforos

### COMO FAZER
O espírito é o corpo astral dos parapsicólogos. Ele se liberta quando a pessoa falece. É por isso que um morto pode aparecer para parentes.

Para afastar um morto que está assombrando alguém, acenda sete velas brancas no cruzeiro de um cemitério, chamando pela Mavambo e pedindo-lhe que, como rainha da calunga, comande esse egum para que siga seu caminho em paz.

## Prato para os eguns da Molambo

### MATERIAL
Um litro de leite
Cinco colheres (de sopa) de farinha de acaçá
Açúcar
Uma tigela

### COMO FAZER
Para fazer uma oferenda aos eguns, colocamos ao lado da imagem da Molambo o mingau das almas, que é feito assim:

Leve ao fogo o leite com a farinha e o açúcar. Mexa bem, até dar ponto. Coloque na tigela e deixe esfriar.

## Agrado para os eguns

**MATERIAL**
500g de cenoura
500g de batata
Três espigas de milho
Uma alface
Um prato de papelão

**COMO FAZER**
Aprendi na Casa de Eulina d'Iansã Egun Nitá, minha mãe de santo falecida, a fazer essa oferenda.
 Chame pela Molambo. Forre o prato de papelão com as folhas da alface. Arrume no centro as cenouras, as batatas e as espigas de milho. Coloque na casa das almas junto com um prato do mingau explicado acima.

## Ebó para abrir caminhos

**MATERIAL**
Farinha de mandioca
Azeite de dendê
Mel
Água
Cachaça
Quatro alguidares
Sete velas brancas
Fósforos

## COMO FAZER

Ponha em cada alguidar um pouco de farinha. Em um deles, misture a farinha com o azeite de dendê; no segundo, junte o mel; no terceiro, a água; e no quarto, a cachaça. Ponha só um pouco desses líquidos, apenas o suficiente para umedecer a farinha.

Vá a uma encruzilhada aberta (em cruz) e ponha os quatro padês e as velas brancas. Acenda as velas e fale com o padê, diga seu pedido e agradeça.

## Ebó para quebrar inimigos

### MATERIAL
Flores amarelas ou um frasco de perfume da sua escolha
Farinha de mandioca
Mel
Água
Material para um banho de descarga da sua escolha

### COMO FAZER
Primeiro ofereça algo a Oxum, como flores amarelas ou um perfume. Depois faça uma bola de farinha com mel e passe no seu corpo. Jogue essa bola na porta da calunga, mandando a carga de volta para quem mandou.

Ao chegar em casa, tome um banho de descarga feito com a água e o material que escolheu.

## Muamba para Exu apaziguar inimigo

### MATERIAL
Uma imagem de Exu
Um pedaço de pano vermelho e preto
Folhas de comigo-ninguém-pode
Lápis

*trabalhos da molambo para segurança, proteção e defesa*

## COMO FAZER

Faça durante a lua minguante. Escreva o nome da pessoa embaixo da imagem de Exu. Depois enrole-a com o pano e as folhas de comigo-ninguém-pode. Coloque num cemitério. Ao sair da calunga pequena, ande sempre de frente para o interior do cemitério.

## Feitiçaria para afastar pessoas ruins

### MATERIAL
Sete rosas vermelhas
Sete velas
Fósforos

### COMO FAZER
Tire os espinhos das rosas. Coloque-as na encruzilhada, com as velas. Ofereça à Molambo e faça seus pedidos.

## Trabalho com máscaras para vencer um inimigo

### MATERIAL
Uma máscara de gesso ou argila (uma peça que quebre facilmente)
Canetas ou tintas nas cores desejadas
Um retrato da pessoa que deseja neutralizar (opcional)
Cola (opcional)

### COMO FAZER
As máscaras são usadas na magia há séculos. Este é um trabalho de quimbanda.

Faça uma máscara parecida com a pessoa que quer neutralizar, pintando a peça ou colando nela um retrato. Feito isto, quebre a máscara na porta de um cemitério.

# Agrados e oferendas a Maria Molambo

## Como amansar a Molambo

**MATERIAL**
Mel ou sal

**COMO FAZER**
Para amansá-la devemos usar o mel. O mel representa a doçura do amor. É o bom pensamento, a brandura. Todos os orixás aceitam o mel, menos Oxóssi. Ou usamos o sal. Ele vem do mar, a grande calunga. É a lágrima de Iemanjá que se cristalizou. Não há mar sem lágrimas. No sal há força mágica.

## Como agradar a Molambo

**MATERIAL**
Farinha de mandioca
Cachaça
Mel
Água
Azeite de dendê

*maria molambo — rainha da calunga*

Quatro alguidares
Um maço de cigarros
Sete velas
Sete retalhos de pano coloridos
Fósforos

COMO FAZER
Para agradá-la deve-se oferecer quatro padês.
    Coloque um pouco de farinha em cada um dos alguidares. Em um misture cachaça; em outro, mel; em outro, dendê; e no último, água.
    Leve tudo a uma encruzilhada em T. Ponha os alguidares no chão. Arrume em volta as velas e os cigarros acesos. Sirva uma garrafa de cachaça e abra os panos coloridos coroando os padês.

## Comida de Maria Molambo e Sete Encruzilhadas

MATERIAL
Farinha de mandioca
Azeite de dendê
Uma cebola grande
Um alguidar

COMO FAZER
Prepare uma farofa misturando a farinha de mandioca com o azeite de dendê. Ponha dentro do alguidar e espalhe por cima a cebola cortada em rodelas. Entregue numa encruzilhada.

## Ebó para Exu Rei e Molambo

MATERIAL
Farinha de mandioca

*agrados e oferendas a maria molambo*

Cachaça
Mel
Água
Azeite de dendê
Quatro alguidares
Uma coroa dourada, de modelo para homem

## COMO FAZER
Coloque um pouco de farinha em cada um dos alguidares. Em um misture cachaça; em outro, mel; em outro, dendê; e no último, água.
    Leve tudo para uma encruzilhada. Ponha a coroa no chão, com os padês arrumados em volta. Ofereça a Exu Rei e à Molambo.

## Trabalho de Molambo numa segunda-feira

### MATERIAL
Sete velas
Sete retalhos de pano coloridos
Fósforos

### COMO FAZER
Segunda-feira é dia de Exu, das almas e de Omolu. Nesse dia, faça à Molambo uma oferenda de sete velas numa encruzilhada, com os pedaços de pano abertos.

## Pedido para as falanges de Lúcifer

### MATERIAL
Sete garrafas de cachaça
Sete garrafas de anis
Sete garrafas de champanhe

21 rosas
Sete cigarros
Sete charutos
Fósforos

**COMO FAZER**
Para Molambo e Lúcifer, coloque numa encruzilhada as garrafas de cachaça, anis e champanhe, as rosas, os cigarros e os charutos acesos.
   Faça seu pedido com a mente forte. Cuidado, ele é o Maioral, Exu Rei.

## Ebó para Molambo e sete Exus

**MATERIAL**
Sete garrafas de cachaça
Sete cocos
Sete velas brancas
Sete frutas à sua escolha
Farinha de mandioca
Mel
Fósforos

**COMO FAZER**
Faça sete bolos de farinha com mel.
   Arrume as cachaças, os cocos, as velas acesas, as frutas e os bolos de farinha numa encruzilhada aberta. Chame por sete diabos, recitando:
   – Ai, ai, me valei sete diabos. Ai, ai, me valei sete diabos.
   Chame também pela Molambo e faça o pedido.

*agrados e oferendas a maria molambo*

## Despacho para Molambo e Exu Quebra Galho

**MATERIAL**
Três rosas negras
Três cigarros
Três charutos
Cachaça
Mel
Três taças
Fósforos

**COMO FAZER**
Se está com a vida difícil, faça o seguinte: leve todos os ingredientes a uma encruzilhada. Encha as taças com cachaça e mel. Arrume em volta as rosas, os cigarros e os charutos acesos. Ofereça à Molambo e a Exu Quebra Galho.

## Trabalho da amante de Asmodeus

**MATERIAL**
Sete garrafas de licor de sabores diferentes
Sete rosas, sendo algumas vermelhas e outras rosadas
Sete cigarros
Farinha de mandioca
Azeite de dendê
Cachaça
Dois alguidares
Sete pedaços de pano (molambos)
Sete pregos de caixão
Fósforos

## COMO FAZER

Ponha um pouco de farinha em cada alguidar. Misture dendê num deles e cachaça no outro.

Tire os espinhos das rosas.

Leve tudo a um cemitério (ou a uma igreja) e entregue, junto ao cruzeiro, as garrafas de licor, os dois padês, as rosas, os cigarros acesos, os molambos e os pregos de caixão.

Chame por Asmodeus.

## Encanto da mulher diaba

### MATERIAL

Um maço de cigarros
Um punhado de pelos de bode preto
Um incenso de aloés
Sete rosas vermelhas
Sete chifres de carneiro
Sete moedas
Uma garrafa de champanhe
Sete copos
Um pedaço de cetim vermelho
Fósforos

### COMO FAZER

Este é um trabalho forte. Leve tudo para um local de mato, onde não haja muita luz: a lua iluminará o trabalho. Comece com a invocação:

– Eu chamo pelas feiticeiras europeias, pelas que fizeram pactos com o Bode, pelas rezadeiras da África que chamavam a chuva, pelos zulus, por Gangalofé.

Abra o pano no chão. Arrume em cima dele os chifres, as rosas, os pelos de bode, as moedas e o maço de cigarros. Sirva a champanhe nos sete copos e acenda o incenso. Então recite:

– Molambo recebeu um vestido de cetim e sete rosas na calunga. E ela mereceu o que ganhou.
Araruê Exus e Lebaras!

## Trabalho com fundanga para a sorte

**MATERIAL**
Um pedaço de papel
Lápis
Um pedaço de fumo-de-rolo
Sete velas
Um frasco de pólvora (fundanga, tuia)
Fósforos

**COMO FAZER**
Faça o desenho do ponto riscado de Molambo no papel, e rodeie com o fumo-de-rolo picado, as velas e a pólvora. Acenda tudo. Ao explodir, faça o pedido. Os anjos negros trarão a sorte. A Roda da Fortuna vai girar a seu favor.

## Trabalho do Icurin

**MATERIAL**
Uma medalha de metal lisa (sem desenhos ou gravações)

**COMO FAZER**
Icurin é uma das regiões do Inferno. Assim, faça um talismã de metal e mande gravar nele essa palavra. Vá a um centro que trabalhe com Exus e dê a medalha para a Molambo rezar sua reza às avessas, estranha, macabra.
E use-o. Terá a força dos magos antigos.

## Feitiçaria de Hécate com tabuinha

**MATERIAL**
Uma tabuinha de madeira
Lápis ou caneta
Um vela branca
Fósforos

**COMO FAZER**
Os gregos faziam feitiços invocando Hécate. Clientes procuravam os que chamavam por essa deusa. Eles faziam encantamentos e maldições escritos em tabuinhas e enterrados em túmulos.
 Molambo é uma Hécate. Assim, faça da mesma maneira. Escreva numa tabuinha o seu pedido. Leve tudo ao cemitério. Deixe a tabuinha num túmulo e acenda a vela no cruzeiro.

## Feitiçaria com boneco de cera

**MATERIAL**
Uma estatueta de cera
Alfinetes

**COMO FAZER**
Antigos escritores gregos e romanos como Platão, Virgílio, Ovídio e Apuleio falam de figuras de cera nas quais são inseridos cabelos de uma pessoa e de bruxas colocando cabelos em bonecos. Molambo faz trabalhos com estatuetas de cera furadas com alfinetes.
 Para fazer o mesmo, batize a estatueta de cera com o nome da pessoa que será objeto do feitiço. O feitiço vai ser mais forte se você conseguir cabelos ou unhas da pessoa para prender no boneco.
 Enfie alfinetes nos lugares que deseja atingir e guarde bem o boneco. Para desfazer o feitiço, retire os alfinetes.

Ao contrário do que muitos pensam, essa magia não serve só para o mal. Se você quiser que a pessoa se apaixone, se acalme etc., espete o coração do boneco; para curar uma parte do corpo doente, espete essa mesma parte no boneco; e assim por diante. O essencial é espetar a parte do boneco que tem a ver com sua intenção, e então fazer o pedido específico.

## Feitiçaria de Hécate com boneco de chumbo

**MATERIAL**
Uma estatueta de chumbo
Fita vermelha
Uma vela branca
Fósforos

**COMO FAZER**
Molambo é uma Hécate. E faz trabalhos com estatuetas de chumbo amarradas nas sepulturas.

Para fazer como ela, compre uma estatueta de chumbo para representar a pessoa e batize-a com o nome da mesma. Amarre a imagem com muitas voltas da fita vermelha, dando vários nós, enquanto repete o seu pedido. Ponha numa sepultura e acenda a vela no cruzeiro do cemitério.

## Navio funerário de Molambo

**MATERIAL**
Uma miniatura de barco
Tinta preta
Um pincel largo
Sete ossos
Penas de galinha preta

*maria molambo – rainha da calunga*

Sete pregos de caixão
Sete pedaços de carvão
Sete pedras de enxofre

**COMO FAZER**
O navio foi um símbolo funerário na Idade do Bronze. Era usado em sepultamentos e cremações.

    Assim, compre na loja de umbanda um barco, pinte de preto e coloque dentro dele ossos, penas de galinha preta, pregos de caixão, carvão, enxofre, e ponha no mar (a calunga grande).

    O mar leva o barco mágico com o seu pedido para a Rainha da Calunga.

# Defesas mágicas

A tradição pagã conservou, por milênios, poderosos símbolos de defesa. Os mais conhecidos são os dentes, os artelhos e o falo.

O homem pré-histórico enfeitava o pescoço e os pulsos com colares e braceletes de dentes de animais selvagens, como leões, tigres, ursos, javalis, lobos, crocodilos. Esta é a origem das guias.

Ele acreditava que, usando isso, teria defesas poderosas. Na África, na Índia e nas Américas, os xamãs usavam seus cordões. Neles se formava a carga de fluido.

Os artelhos de felinos (leão, tigre, leopardo, guepardo, puma) e até mesmo do manso cordeiro realizavam as defesas invisíveis.

Desde sua origem, o homem compreendeu o significado mágico do órgão sexual masculino ereto, o falo, símbolo universal da vida que luta contra a morte, símbolo de força, da conquista. Em nossa época ainda o usamos.

Medalhas, bentinhos (saquinhos com orações), laguidibás (colares de contas pretas de coquinhos ou chifre) e cordões de aço são a mesma tendência dos que usaram antes os símbolos que citei. Ciganos nunca deixam de usá-los. O povo dos terreiros também.

Também existem alguns feitiços que servem para reforçar suas defesas.

## Amarrando os inimigos

**MATERIAL**
Uma tabuinha de madeira
Uma porção de pregos
Um pedaço de fio de cobre
Papel
Lápis
Martelo

**COMO FAZER**
Fixe os pregos espalhados por toda a tábua, martelando-os até que fiquem só com um pedaço pequeno aparecendo fora da tábua.

Escreva o nome dos seus inimigos no papel e ponha-o sobre a tabuinha. Amarre uma ponta do fio de cobre em um dos pregos e vá trançando-o, de um prego para outro, de modo a prender o papel dentro de uma rede metálica. Quando o fio terminar, prenda sua ponta num prego.

Enterre a tabuinha no chão ou num vaso de plantas em sua casa. Ela é um verdadeiro para-raios e afastará todo o mal.

## Banho purificador

**MATERIAL**
Dois litros de água
Folhas de alecrim
Folhas de sálvia

*defesas mágicas*

## COMO FAZER
Ferva, durante 15 minutos, dois litros de água com as folhas de alecrim e sálvia. Filtre e use este banho quando estiver triste, cansado(a).

## Saquinho de sal marinho

### MATERIAL
Um saquinho de pano
Um cordão de metal ou outro material
Sal grosso

### COMO FAZER
Ponha um pouco de sal grosso dentro do saquinho. Feche-o e pendure no pescoço com o cordão. Ele o defenderá de feitiços.

## Saquinho de ervas

### MATERIAL
Um saquinho de pano vermelho e preto
Folhas de alecrim
Folhas de arruda
Folhas de artemísia
Folhas de celidônia
Folhas de hera-terrestre (erva-de-são-joão)
Folhas de tomilho

### COMO FAZER
Ponha todas as folhas dentro do saquinho e feche-o.
    Leve-o sempre consigo, ou guarde em casa ou no seu local de trabalho.

# Rezas de forças infalíveis

Os quatro elementos – terra, água, fogo e ar – são governados por seres espirituais cujos poderes podemos invocar através de orações e conjuros (conjurações, invocações).

Cada elemento encontra a própria energia num dos quatro pontos cardeais. Assim, rezando um conjuro sobre o elemento ar, é fundamental voltar-se de frente para o leste; sobre o elemento fogo, em direção ao sul; sobre o elemento terra, em direção ao oeste; e sobre o elemento água, na direção norte.

## Conjuração do ar

Esconjuro, pelos ares e por Satanás, que quem me fez o mal, para ele há de voltar. Chamo por Belial, Asmodeus, e devolvo a praga, o feitiço, e ele irá pelos ares.

## Conjuração da terra

Conjuro pela terra, onde moram as almas que não "subiram", que (fulano) venha a mim rápido e manso como um cordeiro. Venha com amor, pelas sepulturas dos Aluvaiás.

## Conjuração da água

Conjuro-te, água, força da magia, pela força de Bafomé, que todo mal que me mandaram, as águas lavem. Em nome de Molambo, eu vou ser livre destes ebós e feitiços.

## Conjuração do fogo

Conjuro, pelo fogo de Plutão, que mal não me pegue. Tranca-Ruas me protege. Axé.

## Conjuração do inferno

O inferno é fogo e lá mora meu príncipe, Demo Azazel, e ele me escutará, pois peço em nome das Pombagiras. O inferno é fogo e eu clamo por Exu Caveira, por Padilha de Sevilha, por Molambo da Calunga e por Exu Rei. Ninguém poderá me enfeitiçar. Tenho meu corpo fechado com sete chaves infernais. Daemon!

# palavras finais

Bem, este foi um livro de feitiçarias. Meu livro número 53. Brinquei com Lúcifer, com Lilith, com Satã, com a Molambo.
Meu templo é de ciganos, e o diabo cigano é o Bengo ou Assura. Dancei com eles todos. Eles estão no mundo, em todos os mundos, pois já viajei o mundo todo.
Até na Notre-Dame de Paris, o telhado tem lêmures (demos), e os vi em igrejas por toda a Europa. Deus e o Diabo estão em nós. Somos o bem e o mal.
Pastoreei a noite como se ela fosse um rebanho de demos nas horas certas. Espero que gostem. Magia existe. Eu a faço há 52 anos com meus baralhos, meu caldeirão de fogo, meus punhais, meus bonecos.
Que este livro seja de ajuda a vocês que são da fé, da arte mais antiga (a magia), que dançam em afoxés, em abassás, que fazem xirê, as danças ciganas, que falam com Exus e almas, mas que são do bem. Pois o bem e o mal andam juntos. São do ser humano.
Magia, mau-olhado, feitiçaria. Estão no mundo, em todos os mundos, nosso sonho e pesadelo.
Até breve.

Amogibá Molambo, rainha das noites de estrelas cadentes, amiga, dona do ramo de ouro, mulher-dama, sortilégio, mistério. Saravá, Bombogira de fé.

MARIA HELENA FARELLI
*Presidente do Templo de Magia Cigana e do Círculo de Escritores e Jornalistas de Umbanda do Brasil (CEJUB)*

# GLOSSÁRIO

ABARÁ. Bolinho de massa de feijão-fradinho, embrulhado em folha de bananeira e cozido em água.

ABASSÁ. Terreiro, templo de religião afro-brasileira. O espaço físico, as construções que abrigam a comunidade religiosa. Também é usada, mais raramente, a forma "abaçá".

ACARAJÉ. Bolinho de massa de feijão-fradinho, frito no azeite de dendê.

ADÃO. Na tradição bíblica, primeiro homem criado por Deus, que em seguida criou-lhe uma companheira, Eva, e pôs o casal no Jardim do Éden.

AFOXÉ. Grupo que sai no carnaval da Bahia, frequentemente como obrigação de membros de candomblés.

ÁFRICA. Continente situado entre os Oceanos Atlântico e Índico, dividido em cinco regiões: África do Norte (que compreende os países do litoral do Mar Mediterrâneo e o Deserto do Saara, incluindo o Egito e o Sudão), África Oriental (toda a costa leste da África, incluindo Moçambique), África Ocidental (região ao sul do Saara, que inclui Nigéria, Guiné e Benim), África Central (região voltada para o oeste, que inclui Angola e Congo) e África Setentrional (extremo sul do continente). Os europeus denominavam "África Negra" toda a região ao sul do Saara, e consideravam "branca" a população do norte, porque a cultura desta era conhecida e respeitada desde a Antiguidade e, por isso, era considerada "igual" à população europeia.

Aiê. Na tradição iorubá, mundo terreno, morada dos seres mortais.

Almas. Espíritos de pessoas falecidas. Nome de um dos povos da umbanda, formado principamente por espíritos de antigos escravos, os pretos-velhos. Também são chamados de almas os espíritos do Povo do Cemitério. Correspondem ao egum nagô e ao vumbe do angola.

Aluvaiá. Nome de Exu no candomblé angola.

Amaci. Nas religiões afro-brasileiras, líquido preparado para banhos rituais. Leva ervas sagradas, águas de procedências especiais e outros ingredientes secretos, determinados pelo sacerdote de acordo com sua finalidade.

Amogibá. Corruptela de Mojubá, um dos nomes nagôs de Exu.

Angola. Linha de candomblé que segue tradições de povos vindos de Angola (país da África Central onde viviam povos bantos).

Anjos. Na tradição judaico-cristã, seres de puro espírito que Deus criou em primeiro lugar, para serem seus auxiliares na criação do mundo.

Araruê. Saudação aos Exus e Pombagiras.

Aratu. Caranguejo que vive nos manguezais.

Arcano. Segredo, mistério. O termo é usado em magia para designar as informações secretas da Arte. Também é usado para nomear as cartas do Tarô, consideradas símbolos de segredos mágicos.

Arimã. Divindade da antiga religião persa que representa e comanda as forças da destruição, opostas às da criação, governadas por Ahura Mazda.

Árvore da ciência do bem e do mal. Na tradição bíblica, a árvore cujos frutos Adão e Eva não podiam comer, para não perderem a inocência que lhes permitia viver no Paraíso Terrestre.

*glossário*

Eva decidiu comer o fruto graças à argumentação da serpente e, depois, convenceu Adão a fazer o mesmo.

ÁRVORE DA VIDA. Na Cabala judaica, representação gráfica das energias que emanam do Divino Infinito, da energia pura até a matéria, representando o processo de Criação. Essas emanações são representadas por esferas, unidas por linhas que indicam o caminho de uma esfera para outra.

ASMODEUS. Um dos grandes demônios da mitologia judaico-cristã, responsável pelo desejo sexual.

ASTROLOGIA. Sistema oracular que trabalha com as posições dos astros no céu e os considera símbolos de características pessoais, eventos, forças etc. A astrologia tradicional utiliza basicamente os chamados Luminares: o Sol, a Lua e os planetas visíveis a olho nu (Mercúrio, Vênus, Marte, Júpiter e Saturno).

ATABAQUE. Instrumento de percussão, espécie de tambor de origem africana, que faz parte da orquestra litúrgica de diversas religiões afro-brasileiras.

AXÉ. Força espiritual das divindades na tradição iorubá, presente em seres e objetos a elas associados. A palavra é usada também para designar o fundamento espiritual de um terreiro.

BABALAÔ. Sacerdote supremo do culto de Ifá na religião iorubá.

BANDA. Lugar de origem de uma entidade da umbanda, linha a que ela pertence.

BANTOS. Povos distribuídos por todo o centro e sul da África, cujas línguas são aparentadas.

BATUQUE. Dança ao som de atabaques; ritmo do toque de atabaques ou tambores, batucada.

BATUQUENGÊ. Batuque em que se alternam ritmos mais calmo e mais intenso.

BETSABÁ E DAVI. Na tradição bíblica, Betsabá, esposa do soldado Urias, tornou-se amante de Davi, rei dos judeus, que mandou Urias para a guerra, contando com sua morte.

BOMBOGIRA. Forma alternativa de Bombonjira, nome dado a Exu no candomblé angola. De uma expressão banta que significa "encruzilhada", onde essa entidade mora.

BRUXA. Mulher curandeira e conhecedora de feitiços e simpatias. Na Idade Média, as bruxas foram acusadas de fazerem pactos com demônios. No século XX, foi criada a *wicca*, a religião das bruxas, baseada na religião dos antigos habitantes da Inglaterra, centrada no culto às forças da natureza.

BÚZIOS. Caramujos marinhos usados para fazer adornos rituais e como peças de oráculos nas religiões afro-brasileiras.

CABALA. Filosofia judaica que reúne ensinamentos esotéricos sobre a relação entre o Criador, infinito, eterno e misterioso, e o mundo visível, finito e mortal.

CALUNGA. Morte, em banto. Calunga grande é o mar (a água, berço dos embriões ainda não vivos); calunga pequena é o cemitério (a terra, berço dos mortos).

CALUNGUEIRA. Na umbanda, entidade que vive e trabalha na calunga pequena.

CANDOMBLÉ. Religião afro-brasileira caracterizada pelo culto aos deuses de origem africana. Há diversas nações — angola, congo, jeje, nagô etc. — que se distinguem por detalhes de crença e ritual.

CAPOEIRA. Arte marcial, dança-luta criada por africanos no Brasil.

CIBELE. Na mitologia grega, Grande Mãe Terra, deusa da fertilidade.

CIGANOS. Na umbanda, os exus ciganos e as pombagiras ciganas fazem parte do Povo da Rua, e outros espíritos ciganos pertencem ao Povo do Oriente.

CONGO. Grande região do centro da África onde vivem povos bantos. Suas tradições formaram, no Brasil, a nação congo do candomblé.

CRUZAR. Na linguagem religiosa e dos curandeiros, benzer com sinais da cruz, geralmente em um procedimento de cura, limpeza espiritual ou consagração de um objeto.

CRUZEIRO. A cruz grande que fica em lugar de destaque numa igreja ou num cemitério.

*glossário*

Dã. Grande serpente sagrada na religião dos jejes. Segundo a tradição, Dã morde a própria cauda, formando um círculo que gira sem parar. É esse movimento que cria o mundo.

DEMANDA. Luta entre "santos", geralmente provocada por alguém que pede a uma entidade para fazer mal a outra pessoa, lutando com o santo desta.

DEMÔNIO. Na tradição judaico-cristã, entidade espiritual maligna. Existem muitos demônios, todos sob a direção do Maioral Lúcifer, o Diabo. Também é usada a forma "demo".

DESCARREGAR. Limpar de energias espirituais nocivas por meio de banhos, passes, defumações etc.

DIABO. Um dos nomes da entidade que representa o mal na tradição judaico-cristã, também chamada de Lúcifer e Satã. A palavra também é usada como sinônimo de demônio.

DIONISO. Na mitologia grega, deus das colheitas, do vinho e do êxtase.

EBÓ. Nas religiões afro-brasileiras, oferenda feita às divindades.

EGUM. Na tradição iorubá, o egum (ou egungum) é o espírito de um ancestral divinizado que vigia a família. Na África, eram cultuados na Sociedade dos Eguns. No Brasil, existem muito poucos candomblés de Egungum. Aqui, o termo é usado em geral para designar os mortos comuns, que não se tornaram entidades guias e que, portanto, compõem o Povo dos Cemitérios.

ENCRUZILHADA. O encontro de ruas ou estradas é um lugar em que é mais fraca a fronteira entre os mundos dos vivos e dos espíritos. Nela andam as entidades ligadas à morte.

ESBÁ. Na *wicca* (moderna religião das bruxas, de origem inglesa), é um encontro de um grupo de bruxos e bruxas fora dos sabás, no qual podem ser realizadas homenagens à Deusa, iniciações, batismos, casamentos, cerimônias fúnebres etc.

EXU. Servo e mensageiro dos deuses na religião dos orixás. Compõe as Linhas do Povo da Rua e do Povo do Cemitério da umbanda e da quimbanda.

**FANTASMA.** Espírito que vaga pela terra e é visto pelos vivos.
**FEITICEIRA.** Mulher dedicada à realização de feitiços, magias.
**FILHA DE SANTO.** Iniciada numa religião afro-brasileira que recebe a incorporação de uma divindade. Equivale à iaô do candomblé nagô e à muzenza do angola.
**FILHOS DE GANDHI.** Bloco carnavalesco de Salvador (Bahia).
**FIRMA.** Conta especial que fecha a guia (colar) de uma entidade.
**FLUIDO.** Na doutrina espírita, emanação invisível, um tipo de energia. Doença fluídica é a que tem origem espiritual. Os médiuns usam fluidos para fazer curas espirituais.
**GAIA.** Na mitologia grega, é a Grande Mãe Terra, filha do Caos e mãe do Céu, do Mar e dos Titãs que deram origem a todos os outros deuses.
**GANZÁ.** Chocalho de metal com pedrinhas ou sementes dentro, usado em religiões afro-brasileiras.
**GIRA.** Ritual da umbanda e do candomblé angola-congo em que os fiéis formam uma corrente espiritual cantando os pontos das diversas entidades, numa ordem definida (o xirê), o que provoca a incorporação das entidades. A gira negra é a que se faz depois da meia-noite, com as entidades da quimbanda.
**GITANA.** Forma espanhola de *cigana*.
**GÔ.** Bastão com cabaças penduradas que representa um falo. É o símbolo do poder sexual de Exu, patrono da união sexual e, portanto, da capacidade de gerar filhos.
**GRANDE MÃE.** Nome dado pelos estudiosos às deusas que criam tudo que existe, sozinhas ou com um esposo. Muitas das religiões antigas têm a figura da Grande Mãe, que pode ser uma deusa da terra, das águas ou do céu.
**GUIA.** Colar de contas ou sementes que liga o iniciado a uma entidade que ele recebe em transe, ou que é "dona" da sua cabeça.
**GUINÉ.** Nome pelo qual era conhecida, desde a Idade Média, a região da África ao sul do deserto do Saara, onde viviam os negros (*aguinaou*, na língua dos berberes do deserto).

*glossário*

HÉCATE. Na mitologia grega, antiga deusa das profundezas da terra, que governava os mortos, frequentava as encruzilhadas, dominava a feitiçaria e vigiava as portas.

IABÁ. Em iorubá, termo que significa senhora. Tratamento respeitoso dado às deusas das águas, as mães ancestrais.

IAMÍ OXORONGÁ. Na mitologia iorubá, é a Mãe Feiticeira, orixá que representa as mães ancestrais. Ela se transforma em pássaro à noite, a hora em que sai para fazer seus feitiços.

IANSÃ. Outro nome de Oiá.

IAÔ. Termo iorubá que significa filha de santo.

IBLIS. Na tradição islâmica, foi um gênio que se revoltou contra Alá (Deus) e foi por ele jogado na Terra. Tendo convencido Adão e Eva a comer o fruto da árvore da ciência do bem e do mal, foi condenado a viver no Inferno e passou a ser chamado Shaitan.

ICURIN. Região do mundo dos mortos. Do iorubá, lugar onde a morte (*ikú*) caminha (*rìn*).

IDADE DA PEDRA. Período mais antigo da história da espécie humana, durante o qual ela usava instrumentos feitos de pedra. Esse período começou há cerca de 200 mil anos e durou até mais ou menos 3.300 a. C., quando os humanos aprenderam a fazer objetos de bronze.

IDADE DO BRONZE. Período da história da espécie humana, durante o qual ela usava principalmente o bronze para fazer ferramentas, armas e outros utensílios. Começou, na Europa e na Ásia, entre 3.300 e 3.000 a. C., e terminou entre 1.200 e 600 a. C., quando o bronze foi substituído pelo ferro.

IDADE MÉDIA. Período da história da Europa que começou no século V, quando o Império Romano do Ocidente se desintegrou, e terminou no século XV, quando os árabes tomaram o Império Romano do Oriente. Foi um tempo de retrocesso em muitas áreas de conhecimento, mas de avanços em outras, como as que levaram às grandes explorações marítimas.

81

IEMANJÁ. Na mitologia iorubá, a Grande Mãe de todos os orixás, deusa do mar.

IFÁ. Na mitologia iorubá, é o deus do destino. O jogo de Ifá é o oráculo feito com sementes ou búzios que, ao serem jogados, revelam os odus (símbolos dos caminhos do destino).

ILU AIÊ. Nome dado, no candomblé, à África, o país dos ancestrais. Dos termos iorubás: *ilu* (país) e *aiê* (mundo dos vivos).

ÍNCUBO. Na mitologia europeia medieval, é um demônio que assume a forma masculina e tem relações sexuais com mulheres.

INFERNO. Originalmente, essa palavra significava "inferior". Foi usada na versão latina da Bíblia para traduzir o nome hebraico do mundo dos mortos (*scheol*), descrito como um mundo subterrâneo. Na mitologia grega, o Hades (reino de Hades, o deus dos mortos) era dividido em três regiões: Campo de Asfódelos (onde ficavam os mortos comuns, vagando entre essas flores que crescem nos cemitérios), Campos Elísios (onde ficavam os heróis) e Tártaro (o abismo onde ficavam os espíritos condenados a castigos). Na tradição cristã, o termo "Inferno" passou a designar o Tártaro dos gregos, o Campo de Asfódelos tornou-se o Purgatório e os Campos Elísios se tornaram o Paraíso.

INQUICE. Nas religiões dos bantos, termo genérico para as divindades, equivalente ao "orixá" nagô.

INQUISIÇÃO. Nome de um tipo de tribunal criado pela Igreja Católica na Idade Média para julgar casos de heresia, bruxaria etc.

JARDIM DO ÉDEN. Na tradição bíblica, é o Paraíso Terrestre, o jardim que Deus criou, com todas as plantas e bichos, para Adão e Eva morarem. No seu centro ficava a *Árvore da ciência do bem e do mal*, a única cujos frutos eram proibidos para o casal.

JEJE. Povo do Daomé (atual Benim), na África Ocidental. Suas tradições religiosas formaram, no Brasil, a nação jeje do candomblé e o tambor de mina do Maranhão.

KALI. Na tradição hindu, a forma destruidora da Grande Mãe. É a deusa da escuridão e da morte, casada com Shiva, o deus destruidor da Trindade Sagrada hindu.

*glossário*

**Klifot.** Plural de *klifá*, palavra hebraica que significa casca ou concha. Na Cabala, as klifot são as impurezas que rodeiam as esferas da Árvore da Vida.

**Lebara.** Na tradição afro-brasileira, é a esposa de Legba, ou seja, a Pombagira.

**Legba.** Nome de Exu no candomblé jeje. Também é usada a forma Elegbará.

**Leviatã.** Na tradição bíblica original, era um ser marinho comum. Deus havia criado um casal de leviatãs, mas matou a fêmea porque, como eram muito grandes, se tivessem muitos filhos, isso poderia destruir o mundo. Daí saiu, mais tarde, a ideia de que Leviatã é um monstro perigoso.

**Libido.** Na Psicologia, é uma energia psíquica que está na base do impulso sexual.

**Lilith.** Na tradição judaica, demônio noturno feminino que parece ter se originado de uma antiga deusa dos ventos e das tempestades. Na Cabala, aparece como uma mulher criada antes de Adão, que se tornou esposa de Satã depois de ser substituída por Eva.

**Livro dos mortos.** Texto funerário, coleção de orações e fórmulas mágicas que, no Egito antigo, era colocado no túmulo para ajudar a alma em sua jornada até o mundo dos mortos.

**Lúcifer.** Na tradição judaica, era o mais belo dos anjos. Quando se revoltou contra Deus, foi expulso do Céu e, junto com seus seguidores, foi jogado no abismo dos mortos. Na tradição cristã moderna, foi confundido com o Diabo.

**Madona.** Palavra italiana (*madonna*) que significa senhora, usada na tradição católica como título para a Virgem Maria.

**mãe de santo.** Nas religiões afro-brasileiras, o mais alto cargo feminino num terreiro, a líder da comunidade religiosa. Equivale à ialorixá do candomblé nagô e à mameto do inquice do angola.

**Magia.** É a arte de manipular forças ocultas (psíquicas e da natureza) através de rituais e símbolos. A magia costuma ser dividida em dois grandes ramos: a magia branca, que visa fazer o bem, e a magia negra, voltada para o mal.

MAVAMBO. Nas religiões dos povos bantos, divindade equivalente ao Exu nagô.

MÉDIUM. Na doutrina espírita, pessoa capaz de se comunicar com espíritos, de receber suas mensagens sob diferentes formas e de emprestar o corpo para que eles se manifestem.

MERCÚRIO. Primeiro planeta do sistema solar, que recebeu o nome do deus romano das viagens e comunicações, porque gira muito rapidamente em torno do Sol.

MIRONGA. Segredo, mistério.

MOÇAMBIQUE. País do leste da África onde vivem povos bantos.

NAGÔ. Nome pelo qual eram conhecidos os iorubás (povo da atual Nigéria, na África Ocidental). É o nome da nação de candomblé com mais forte influência iorubá.

OBÁ. Cargo honorífico do candomblé, dado a amigos e protetores de um terreiro.

OCEANIA. Continente formado pelas ilhas do Oceano Pacífico, divididas em quatro grupos: Australásia (Austrália e grandes ilhas próximas), Melanésia (pequenas ilhas situadas perto da Austrália), Micronésia (ilhas muito pequenas a leste da Melanésia) e Polinésia (pequenas ilhas espalhadas pelo resto do oceano, incluindo o Havaí e a Ilha de Páscoa).

ODUDUA. Na religião nagô, a Grande Mãe Terra, criada por Olodumare e esposa de Obatalá (Oxalá). Criou o mundo no lugar de Obatalá, que bebeu vinho e dormiu.

OGÃ. Cargo masculino do candomblé. Auxiliar do chefe do terreiro. Os ogãs não recebem entidades, mas realizam diversas funções como tocar os atabaques, cuidar do altar etc.

OGUM. Na religião nagô, orixá do ferro, do fogo, da guerra e da metalurgia.

OIÁ. Na religião nagô, orixá dos ventos e das tempestades, também chamada de Iansã.

## glossário

OLODUMARE. Na religião nagô, o Criador, semelhante ao Deus judaico-cristão.

ORIXÁ. Na religião nagô, designação genérica das divindades subordinadas a Olodumare, que são as diversas forças espirituais que governam os domínios da natureza.

ORUM. Na religião nagô, o mundo dos espíritos e deuses.

OXALÁ. Na religião nagô, é o Grande Pai Céu, filho de Olodumare. Também é chamado de Obatalá. Olodumare deu-lhe a tarefa de criar o mundo, mas ele bebeu vinho e dormiu. Então, Oxalá criou os homens. Também é o pai dos outros orixás.

OXUM. Na tradição nagô, orixá das águas doces, rainha do ouro e do amor, protetora da gravidez e das crianças pequenas.

PÃ. Na mitologia grega, deus dos rebanhos e da fertilidade dos animais.

PAI DE SANTO. Nas religiões afro-brasileiras, o mais alto cargo masculino num terreiro, o chefe da casa religiosa. Equivale ao babalorixá do candomblé nagô e ao tata de inquice do angola.

PANO DA COSTA. Pano retangular produzido artesanalmente na África, usado nos trajes rituais das religiões afro-brasileiras. Recebe esse nome porque era importado da chamada Costa dos Escravos, no Golfo da Guiné.

PELOURINHO. Bairro do centro histórico da cidade de Salvador, capital do Estado da Bahia. O nome deriva do marco de pedra onde eram expostos os sentenciados, localizado na praça que foi o ponto escolhido para fundar, em 1549, a capital do Governo Geral do Brasil.

PEMBA. Giz especial, usado para fazer desenhos e em outros rituais das religiões afro-brasileiras.

POMBAGIRA. Nas religiões afro-brasileiras, forma feminina de Exu. Nome derivado de Bombogira.

POMPEIA E HERCULANO. Duas cidades romanas, situadas no litoral da atual Itália, que foram soterradas por uma erupção do vulcão Vesúvio no ano de 79 d.C.

PONTOS. Na umbanda, é o nome de certos símbolos das entidades. O ponto cantado é sua cantiga ritual e o riscado é o seu desenho mágico. Riscar um ponto é desenhar esse signo.

PORTEIRA. Uma das funções dos Exus é a proteção da porteira (a entrada de um lugar), fechando-a para forças maléficas e abrindo-a para as benéficas.

POSSESSA. Pessoa cujo corpo se supõe ter sido tomado (possuído) por uma entidade. O termo é usado geralmente quando a possessão é por um demônio ou um espírito maligno, e precisa ser tratada por meio de exorcismos.

PUBA. Massa de mandioca fermentada, usada para fazer bolos, mingaus etc.

QUIMBANDA. Linha da umbanda que trabalha com os Exus e os espíritos dos cemitérios.

QUINADO. O que é amassado e picado com as mãos. É a forma de preparar as ervas para banhos rituais, que são quinadas na água fria.

QUIUMBA. Na tradição dos bantos e na umbanda, o morto, espírito atrasado, sem luz. Os quiumbas fazem parte do Povo dos Cemitérios.

RECEBER. Receber uma entidade significa que um médium em transe permite que a entidade incorpore nele, ou seja, use seu corpo para se manifestar ao "descer".

REZAR. No campo da medicina popular, é a arte de realizar uma cura pela recitação de orações adequadas ao caso, geralmente acompanhadas por algum procedimento de descarga espiritual. Essa prática é realizada por rezadeiras e curandeiros.

RODA DA FORTUNA. Carta do tarô que representa o destino, que ora eleva, ora derruba a pessoa.

SABÁ. Nome dado, na Idade Média, às reuniões de bruxas. A palavra deriva do hebraico *xabbat*, nome do dia da semana dedicado ao repouso e a Deus. Na época, bruxas, judeus e outros grupos fora dos padrões da Igreja eram vistos como aliados do Diabo. Por isso o sabá era imaginado como uma grande orgia

## glossário

demoníaca. Na *wicca* (moderna religião das bruxas, de origem inglesa), o nome é dado coletivamente às oito grandes festas que comemoram o início e o meio das quatro estações do ano.

SANTEIRO. Fabricante de imagens religiosas.

SANTO. Em algumas religiões afro-brasileiras, como a umbanda, é a palavra usada para designar os orixás. O "povo de santo" é o conjunto de todos os crentes (membros do clero ou não) dessas religiões. A "casa de santo" é o terreiro, a casa religiosa.

SARAVÁ. Saudação usada na umbanda para diversas entidades. Derivada de "salvar", no sentido de "saudar", na expressão "Vamos salvar".

SATÃ. Na tradição judaica, era o nome de um tipo de entidade espiritual designada por Deus para testar a fé de uma pessoa por meio de tentações. No cristianismo e no islamismo, tornou-se o nome do líder dos anjos caídos (Lúcifer). Também é usada a forma "Satanás".

SEREIA. Personagem que existe em várias mitologias antigas. Metade mulher e metade peixe, vive no mar e seduz pescadores e navegantes. No Brasil, foi sincretizada com a mãe-d'água dos povos indígenas e com Iemanjá. Então perdeu seu caráter maligno e se tornou a Mãe Sereia do Mar.

SERPENTE. É um animal sagrado em muitas religiões, divindade do mundo subterrâneo, ligada às águas, à fertilidade, à criação e à renovação. Na tradição bíblica, a serpente era um animal astuto, que enganou Eva para fazê-la desobedecer às ordens de Deus.

SHAITAN. Na tradição islâmica, nome dado ao gênio Iblis, que se tornou chefe dos espíritos malignos do Inferno após se revoltar contra Alá. Significa o mesmo que Satã.

SOBA. Entre os bantos, título do chefe de uma aldeia.

SOCIEDADE DOS EGUNS. Era uma das sociedades secretas religiosas dos iorubás na África. Era exclusiva de homens, pois as mulheres não participavam do culto dos eguns ou egunguns (mortos, espíritos dos ancestrais).

Sociedade Secreta das Mulheres. Entre os nagôs, havia organizações religiosas exclusivas para homens e mulheres. A Sociedade Secreta das Mulheres cultuava Iamí Oxorongá.

Sodoma e Gomorra. Na tradição bíblica, duas cidades que foram destruídas por causa dos pecados de seus habitantes.

Suméria. Antiga civilização do Oriente Médio, situada no atual Iraque. Os sumérios criaram a mais antiga escrita, os fundamentos da Matemática, as medidas de tempo que usamos hoje e muitos instrumentos e técnicas que deles herdamos.

Tarakasur. Na mitologia hindu, foi um poderoso espírito maligno que quase destruiu os deuses.

terreiro. Nas religiões afro-brasileiras, é o conjunto das instalações físicas de uma comunidade religiosa.

tridente. A arma do Diabo, que chamamos de tridente, é o forcado, um grande garfo usado para limpar a terra de galhos, folhas etc. após a colheita de cereais. Como aparecia nos antigos festivais agrícolas, que a Igreja confundiu com rituais demoníacos, ficou associado ao Diabo.

tumbeiro. Navio que transportava escravos, chamado assim porque muitos destes morriam na viagem.

Tupana. Corruptela de Tupã, nome do deus do trovão, divindade suprema dos povos tupis.

umbanda. Religião criada no Brasil, reunindo elementos das religiões de origem africana, do espiritismo e de outras crenças.

vampiro. Na crença popular europeia, morto-vivo que se alimenta do sangue de outras pessoas.

Vênus. Na mitologia romana, deusa do amor.

vestais. Jovens virgens que, em Roma, serviam no templo de Vesta, a deusa do fogo do lar.

vodum. Na religião dos jejes, nome genérico das divindades equivalentes aos orixás nagôs.

xamã. Sacerdote que faz curas, adivinhações e magias entrando em transe e comunicando-se com as divindades de seu povo.

*glossário*

Xangô. Na religião iorubá, é o deus dos raios e trovões, o grande rei e juiz.

xirê. Na umbanda e no candomblé, a ordem em que os orixás são invocados por cantos, danças e toques de atabaque no início das cerimônias.

Yaoguai. É um demônio da mitologia chinesa.

# Bibliografia

CACCIATORE, Olga G. *Dicionário de cultos afro-brasileiros*. 3. ed. Rio de Janeiro: Forense-Universitária, 1988.

FARELLI, Ana Lúcia. *A alta magia da umbanda*. Rio de Janeiro: Cátedra, 1987.

FARELLI, Ana Paula. *Rezas e simpatias infalíveis*. Rio de Janeiro: Cátedra, 1990.

FARELLI, Maria Helena. *A bruxa de Évora*. Rio de Janeiro: Pallas, 2001.

_____. *As sete giras de Exu*. Rio de Janeiro: Eco, 1974.

_____. *Os conjuros de Maria Padilha*. Rio de Janeiro: Pallas, 2002.

WIKIPEDIA. Artigos sobre mitologias e religiões. Disponíveis em <http://en.wikipedia.org/wiki/Mythology>. Acesso em 11 fev. 2011.

Este livro foi impresso em novembro de 2021, na Gráfica Impressul, em Jaraguá do Sul.
O papel do miolo é o offset 75g/m², e o da capa é o cartão 250g/m².
A família tipográfica utilizada é a Arnhem Blond.